Titoli di Saggistica di Janvier T.Chando

ICONE E CATTIVI: I Recenti Omicidi Politici che Hanno Trasformato…
CAMERUN: il Sistema di Marionette Disfunzionali della Francia…
EROI CADUTI: I Leader Africani i cui Assassinazioni…
UCRAINA: Il Tiro Alla Fune Tra Russia e Occidente
CAMERUN: Il Cuore Infestato dell'Africa

Titoli di Finzione di Janvier Chando

L'Usurpatore: e Altre Storie
Agente Triplo, Doppia Croce
Discepoli della Fortuna
L'Unione Muzhik
Il Flash del Sole
La Chiamata della Fortuna
Il Maestro della Fortuna
I Figli della Fortuna
Lo Prima di Loro
La Leggenda di Fuoco e Ghiaccio
La Più Dolce Follia
Le Nonne
Il Fuoco della Fame
Le Sfumature del Fuoco
Padre e Figli
Il Dottore
Tonalità Scure
Legami Fatidici
Il Verdetto dell'Ade
La Prova di sua Maestà
Follia di Ngoko
L'Usurpatore
La Dote
Sono odiato
Il Allocco

Prossimi Titoli di Janvier Chando

Il Falco Bianco
Gli Amici Mortali
Gli Orsi di Norilsk
I Incostante di Casa

UNA MORTE A GINEVRA CHE HA MESSO UNA NAZIONE IN UNA COMA E L'AFRICA TRAUMATIZZATA:
L'Assassinio di Félix-Roland Moumié e la Incompiuta Liberazione del Camerun

Janvier T. Chando

TISI BOOKS

NEW YORK, RALEIGH, LONDRA, AMSTERDAM

PUBBLICATO DA TISI BOOKS

UNA MORTE A GINEVRA CHE HA MESSO UNA NAZIONE
IN UNA COMA E L'AFRICA TRAUMATIZZATA: L'Assassinio di
Félix-Roland Moumié e la Incompiuta Liberazione del Camerun
© 2019 di Janvier Chando

Tutti i diritti riservati. Nessuna parte di questo libro può essere riprodotta, archiviata in un sistema di recupero o trasmessa in qualsiasi forma o con qualsiasi mezzo senza la previa autorizzazione scritta degli editori, tranne che da un revisore che può citare brevi passaggi in una recensione da stampare su un giornale , rivista o giornale.

ISBN-13: 978-1-7096-6119-8
ISBN-10: 1-7096-6119-4

PUBBLICATO DA TISI BOOKS
www.tisibooks.com

NEW YORK, RALEIGH, LONDRA, AMSTERDAM

Stampato negli Stati Uniti d'America

Riconoscimento

Parole speciali di apprezzamento per Idris Mbebwo Doh con cui abbiamo discusso dell'eredità dei Moumie.

Dedizione

Il libro è dedicato a tutti i leader iconici e leggendari i cui
scopi erano di servire l'umanità e far progredire il benessere
dell genere umano, in particolare quelli che sono stati
abbreviati nelle loro missioni storiche dalle forze del male
di questo mondo.

UNA MORTE A GINEVRA CHE HA MESSO UNA NAZIONE IN UNA COMA E L'AFRICA TRAUMATIZZATA:
L'Assassinio di Félix-Roland Moumié e la Incompiuta Liberazione del Camerun

CONTENUTO

Citazioni

"Se combattiamo fino alla morte contro un'integrazione arbitraria del nostro paese nell'Impero coloniale Francese, è perché vogliamo rimanere i difensori conquistatori del diritto dei popoli all'autodeterminazione. Siamo così, al servizio di Kamerun e dell'Africa ... siamo i veri artigiani della distensione internazionale. Come nazionalisti rivoluzionari, stiamo lottando per realizzare per il Kamerun e solo per esso, una vera "Indipendenza" nazionale con "Unificazione" come condizione preliminare, simultanea o consecutiva, ma mai esclusa."

Ruben Um Nyobè

"Non siamo coinvolti in questa lotta solo perché pensiamo che smantelleremo questo sistema nel corso della nostra vita. Speriamo che il Camerun cambi domani. Ma in caso contrario, saremo felici di sapere che abbiamo reso il terreno fertile per la prossima generazione che metterà fine alla putrefazione in questo paese e che stabilirà il "NUOVO CAMERUN."

Dr. Samuel F. Tchwenko, ex UPCista e capo ideologo dello storico SDF del 1990-2002

"Un popolo che è determinato a lottare per la libertà e l'indipendenza è invincibile."

Ruben Um Nyobè

"Il Camerun non è un paese di schiavi che nessun uomo può liberare."

Janvier Chouteu-Chando

"Il nemico non è colui che ti sta affrontando con una spada in mano, è l'avversario. Il nemico è quello dietro di te con un coltello alle spalle."

Thomas Sankara

.".. Il mondo viene benedetto di tanto in tanto con anime uniche che, sebbene gravate dalle loro croci invisibili, hanno ancora la straordinaria forza di avanzare nella vita e dare agli altri una mano allo stesso tempo. Nonostante le loro tribolazioni, molti di noi pensano di stare bene. Anche quando il peso delle loro croci diventa insopportabile, anche quando procedono senza fiato, abbiamo ancora difficoltà a capire che stanno annegando. In effetti, li condanniamo persino per non aver sacrificato di più ... "

Janvier Chouteu-Chando, Discepoli della Fortuna

"L'indipendenza politica non ha significato se non è accompagnata da un rapido sviluppo economico e sociale."

Patrice Lumumba

"La cosa peggiore che il colonialismo ha fatto è stata appannare la nostra visione del nostro passato."

Barack Obama

"Fino a quando i leoni non avranno i loro storici, la storia della caccia glorificherà sempre il cacciatore."
Chinua Achebe

"I personaggi delle altre nostre vite sono fantasmi che la letteratura sta facendo rivivere."
Olivier Weber

MAPPE

Camerun su una Mappa del Mondo

Mappa Politica dei Paesi Africani, 2000

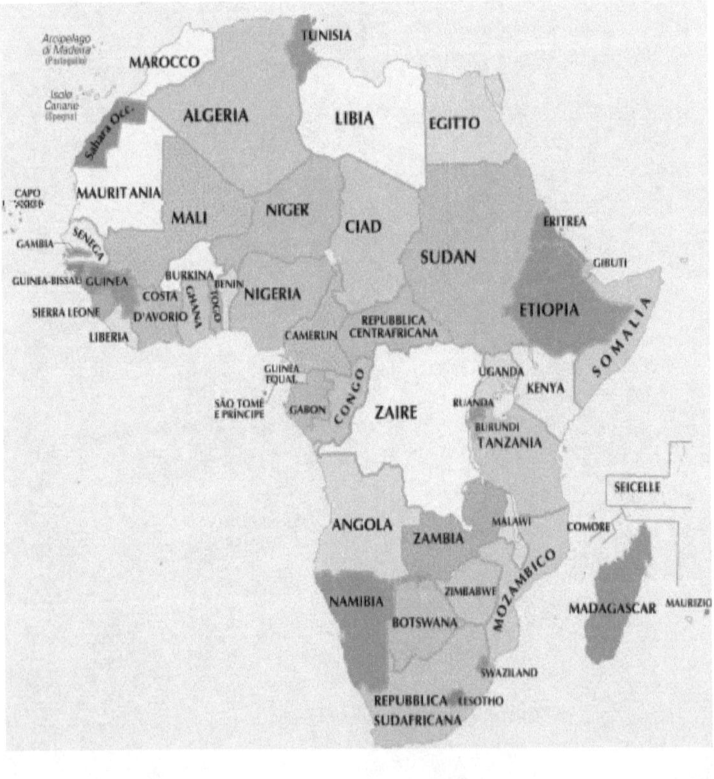

Mappa di Partizione dell'Africa: 1884-1914

Africa 1914

LE INDIPENDENZE AFRICANE

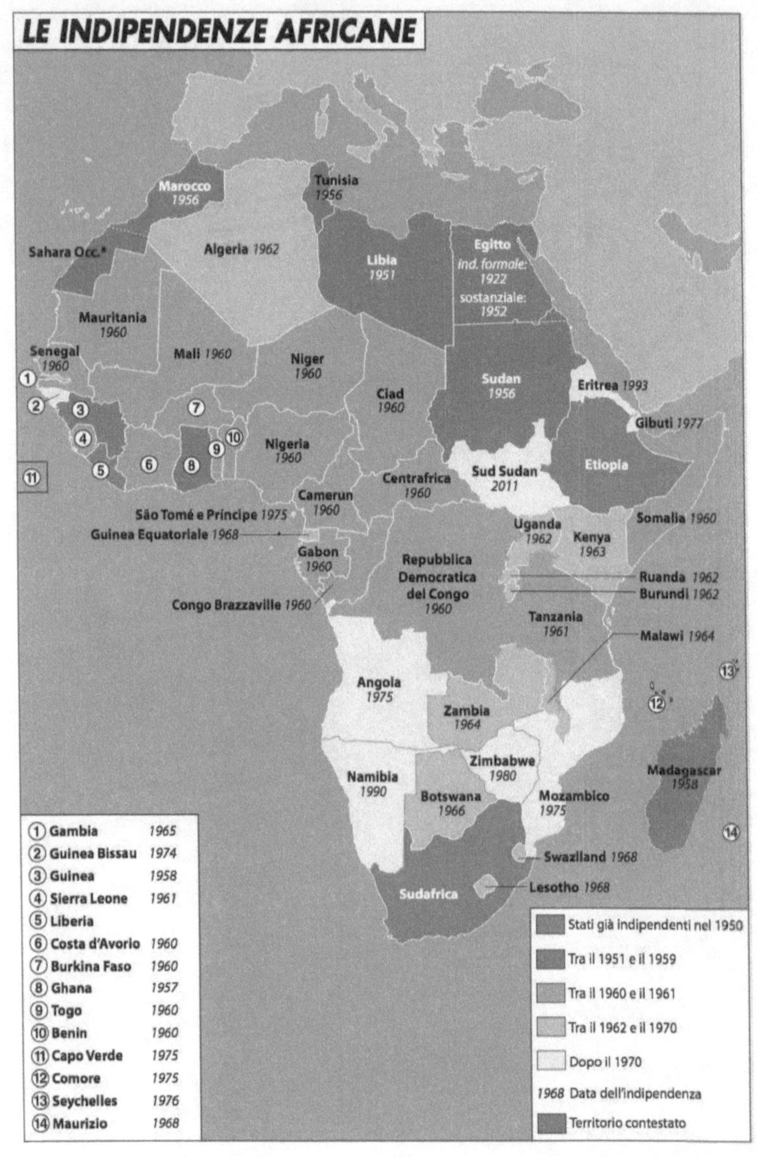

Il Camerun nel Tempo

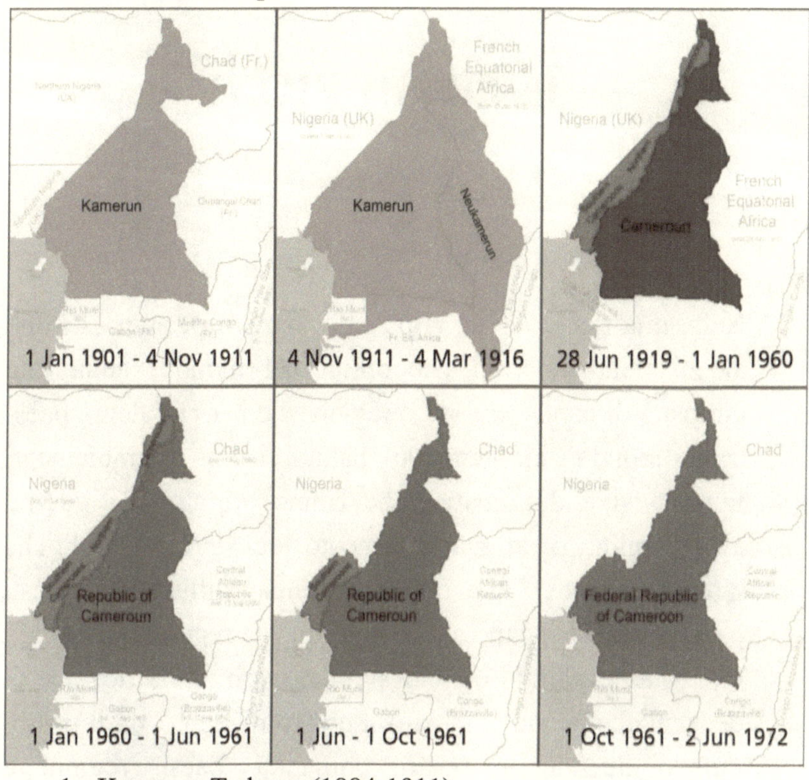

1. Kamerun Tedesco (1884-1911)
2. Kamerun Tedesco (1911-1916)
3. Camerun Britannico e Camerun Francese: 1916-1960
4. Camerun Britannico e Repubblica del Camerun (1960-1961)
5. Camerun Meridionale Britannico e Repubblica del Camerun (1960-1961)
6. Camerun Riunito / Indipendente oggi.

INTRODUZIONE

Nella mia ricerca della risposta al motivo per cui esistono alcuni punti di crisi geopolitici nel mondo, nella mia curiosità di conoscere la / e ragione / e per cui alcuni paesi e il mondo in generale hanno subito cambiamenti improvvisi e drammatici che hanno portato alla guerra, all'instabilità o al riorientamento del loro le politiche interne ed estere che non solo hanno influenzato questi paesi, ma influenzano anche determinate regioni o il mondo intero, ho esplorato omicidi politici negli ultimi dozzine di decenni che hanno cambiato il nostro mondo. Con il nostro mondo intendo le nostre comunità, paesi, regioni e l'umanità nel suo insieme.

Nel trattare i diversi omicidi avvenuti nel corso degli anni, ho usato un approccio caratterizzato dalla sociologia politica, in cui ho analizzato in modo succinto i fattori storici e sociali che non solo hanno portato agli omicidi, ma che sono nati anche dall'uccisione di queste figure storiche. E da questi fattori, ci viene presentata un'idea o immagini di come la società colpita si è evoluta dall'evento o dagli eventi traumatici.

Dai contraccolpi che hanno seguito l'assassinio di personaggi storici, leggendari o iconici, possiamo imparare qualcosa di utile e inventare scenari o cosa aspettarci come calamità se determinati leader vengono assassinati, e quindi agire di conseguenza nel prevenire i loro omicidi.

Capitolo Uno

Félix-Roland Moumié

Prima fila dei leader UPC (da sinistra a destra): Castor Osendé Afana, Abel Kingué, Ruben Um Nyobé, Félix Moumie ed Ernest Ouandié

Nato nel 1926, Félix-Roland Moumié era un leader anticolonialista del Camerun e PanAfricanista. Il suo assassinio a Ginevra il 3 Novembre 1960 da parte di William Bechtel dello SDECE (il servizio segreto Francese) con tallio è considerato il crimine più sfacciato commesso dai servizi segreti Francesi all'estero e forse il più grande colpo singolo subito dai civico-nazionalisti Camerunesi in lotta per la liberazione della terra dal controllo neocoloniale Francese.

Il dottor Felix-Roland Moumié fu a capo dell'UPC (*Union des Populations du Cameroun*, anche chiamato *Union du Peuple Camerounais* — "Unione delle Popolazioni del Camerun") dal 1958 al 1960. L'UPC è stato il primo partito politico storico ad emergere dai territori dell'ex colonia tedesca di Kamerun. Fondata nel 1948, l'UPC operava sia nel Camerun Francese che nel Camerun Britannico — che erano territori di fiducia delle Nazioni unite che ne sono emersi dall'ex Kamerun Tedesco del 1884-1916 in seguito alla sua divisione tra Gran Bretagna e Francia, come convenuto nel Trattato di Versailles del 28 Giugno 1919 — il più importante dei trattati di pace che portò a termine la Prima Guerra Mondiale, formalizzando la fine dello stato di guerra tra la Germania e le Potenze Alleate. L'obiettivo principale del partito era la riunificazione e l'indipendenza del Camerun Britannico e del Camerun Francese, i territori fiduciari che erano i successori dei mandati della Società delle Nazioni, e che si sono verificati quando la Società delle Nazioni ha cessato di esistere nel 1946, e lo sostituì con l'Organizzazione delle Nazioni Unite.

Capitolo Dre

L'amministrazione fiduciaria Francese vietò l'UPC nel 1955, accusandolo di fomentare disordini civili, costringendo così il partito all'esilio nell'estate del 1955. Tuttavia, l'UPC riemerse nel 1956 e sfidò la Francia attraverso i media internazionali. Le autorità coloniali Britanniche bandirono anche l'UPC nel Camerun Britannico nel 1958, costringendo così la maggior parte della sua leadership che fuggì dal Camerun Francese e cercò rifugio nel Camerun Britannico, per fuggire in Egitto, Ghana, Cina e altri paesi a sostegno della causa Camerunense per la sua riunificazione e indipendenza.

Ruben Um Nyobé, leader del partito e segretario generale; Ernest Ouandié e Abel Kingué, i due vicepresidenti del partito; e Felix Moumié si sono impegnati a proseguire la lotta per la riunificazione e l'indipendenza del Camerun Francese e del Camerun Britannico, nonostante la determinazione della Francia a dividere e governare i popoli dell'ex Kamerun Tedesco. Dopotutto, l'UPC ha comandato il sostegno della maggior parte del popolo del Camerun Francese, e i suoi discendenti e le sue parti sorelle nel Camerun Britannico hanno comandato il sostegno dell'elettorato lì. In effetti, oltre l'80% dei Camerunensi istruiti ha sostenuto il partito e la sua causa per la riunificazione e l'indipendenza delle terre dell'ex Kamerun Tedesco.

Tuttavia, il partito ha ricevuto il suo primo grande trauma quando tre anni dopo il divieto, in un momento in cui alcuni esperti stavano iniziando a pensare che la Francia avrebbe consentito al partito di ricominciare a operare come entità politica legale, le forze di sicurezza dell'amministrazione fiduciaria Francese assassinò il primo leader storico dell'UPC Ruben Um Nyobé il 13 Settembre 1958, vicino al suo villaggio natale di Boumnyebel, nella terra Bassa.

Le Risorse Naturali della Regione CentrAfricana

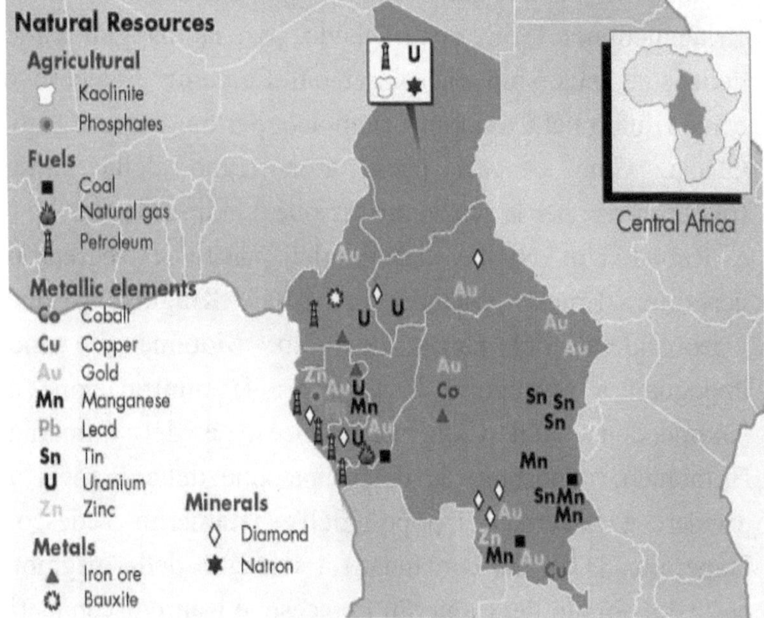

Capitolo Tre

Quindi, quando il dottor Felix-Roland Moumié subentrò a Ruben Um Nyobé, fu costretto a operare dall'esilio, anche se l'UPC era l'unico partito politico del Camerun Francese a godere dello schiacciante sostegno dei Camerunesi Francesi, e anche se era anche l'unico partito politico in quella parte dell'ex Kamerun Tedesco che condivideva un programma simile con partiti fratelli o discendenti nel Camerun Britannico. Imperterrito, sfidò la repressione della Francia sull'UPC in un modo più determinato, così che i partigiani dell'UPC avevano il controllo di gran parte della campagna della metà meridionale del Camerun Francese prima che la Francia consegnasse il controllo politico o la sovranità del Camerun Francese al suo burattino Ahmadou Ahidjo, dichiarò il terra indipendente il 1 ° Gennaio 1960, e allo stesso tempo concluse una serie di accordi socio-economici, politici e militari con lo stato nascente che ne fecero virtualmente un cortile della Francia.

Il Corpo di Félix Moumié viene Trasportato in Guinea

per la Sepoltura

Considerato da alcuni come il "Che Guevara Africano in divenire", Félix Moumié era un leader astuto e un grande organizzatore che prima della sua morte, aveva incontrato quell'estate del 1960 con Ernesto Che Guevara, il rivoluzionario Argentino internazionale e secondo in - comando nel nuovo governo anti-Americano e anti- occidentale della Cuba di Fidel Castro. Oltre a quello sviluppo, il leader partigiano Camerunense aveva sviluppato con successo un rapporto speciale con il presidente Egiziano bellicoso Gamal Abdel Nasser, il presidente PanAfricano del Ghana Kwame Nkrumah, l'incrollabile Patrice Lumumba del Congo-Kinshasa (l'ex Congo Belga), e il testardo capo di stato nazionalista Guineano Sékou Touré che sfidò la Francia e spinse la Guinea fuori dalle grinfie neocoloniali del suo ex padrone coloniale.

Molti esperti pensano che la Francia e i suoi alleati della guerra fredda temessero la spinta del nuovo leader dell'UPC a stringere forti relazioni con alcuni degli altri leader del blocco comunista che speravano di vedere l'Africa emergere un giorno come un continente economicamente unito e politicamente integrato. Il fatto che quei leader promettessero di aumentare il loro sostegno al gruppo partigiano UPC ora guidato da Moumie, rendeva la Francia e Ahmadou Ahidjo estremamente nervosi.

Il secondo leader esiliato del movimento nazional-nazionalista Camerunese era in missione in Europa nell'Ottobre 1960, quando William Bechtel lo invitò a cena in un hotel a Ginevra, in Svizzera, fingendosi giornalista. In effetti, era un membro del *"Main Rouge"* (Mano Rossa), un ramo di un'unità speciale del servizio segreto Francese incaricato di eliminare i nazionalisti Africani anti-Francesi e filo-indipendenti e i loro sostenitori in Europa.

Distratto da una convocazione al telefono da parte di uno staff del ristorante, Moumié lasciò la sua bevanda incompiuta che Bechtel contaminò versandoci con una dose letale di tallio. Ma Moumié non l'ha bevuto al suo ritorno. Quindi, Bechtel ha creato un'altra distrazione, durante la quale ha versato un'altra dose di tallio nel vino di Moumié. Moumié finì per sorseggiare entrambi i drink e morì in un ospedale di Ginevra il 3 Novembre 1960, pochi giorni prima del suo ritorno in Guinea, e molto prima di quanto i suoi assassini avevano programmato. Il fatto che il leader della liberazione del Camerun abbia preso una dose eccessiva del veleno ha ostacolato il complotto che la Francia aveva schiuso per incolpare la morte di Felix Moumié sul presidente Guineano Sekou Touré, che aveva agito come conduttore del leader UPC durante il suo esilio nella capitale Guineana di Conakry.

Capitolo Quattro

L'assassinio di Félix Moumié sarebbe seguito tre mesi dopo dall'orrendo assassinio di Patrice Lumumba dell'ex Congo Belga. La morte di questi due nazionalisti civici Africani con una visione PanAfricana sarebbe seguita da una sanguinosa repressione della resistenza popolare ai regimi neocoloniali nei rispettivi paesi.

Con l'esecuzione del successore di Félix Moumié Ernest Ouandie nel Gennaio 1971, la controffensiva neocoloniale contro i movimenti anticolonialisti nel cuore dell'Africa sarebbe finita, segnando la vittoria per le forze neocoloniali. Questa nuova realtà avrebbe conseguenze disastrose non solo nella regione Centrafricana ma in tutta l'Africa. L'Africa subsahariana Francofona non ha osato opporsi al neocolonialismo Francese dalla sconfitta del nazionalismo civico Camerunese e l'imposizione da parte della Francia di un sistema di controllo mafioso sulle sue ex colonie che utilizza marionette Francesi che non sono responsabili nei confronti del loro popolo.

Mappa di Partizione dell'Africa: 1884-1914

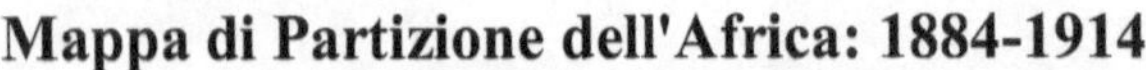

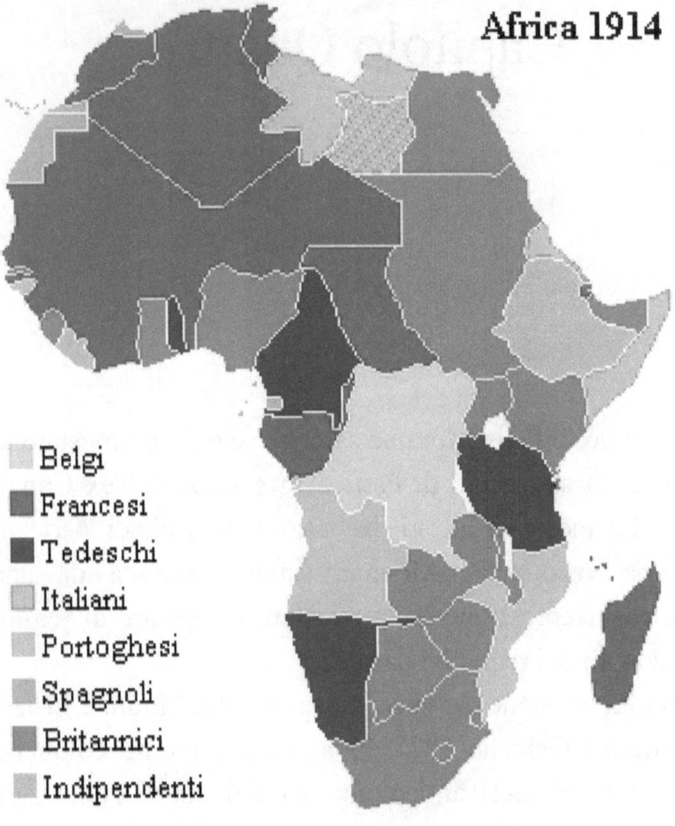

La morte di Félix Moumié, il mantenimento del divieto Francese sull'UPC, l'espulsione dell'UCPC nel 1958 dai Camerun Britannici e il ritorno al potere in Francia della leggenda Francese e del neocolonialista generale Charles De Gaulle portarono fatto la realizzazione del sogno

Kameruniano di riunificazione, indipendenza e sviluppo sembrano impossibili. Tuttavia, i derivati dell'UPC in Camerun Britannico e i nazionalisti Camerunesi nel Camerun meridionale Britannico hanno realizzato il sogno di riunificazione sostenendo la campagna nel referendum sponsorizzato dalle Nazioni unite per il voto di riunire i Camerun Britannici meridionali con la Repubblica di un anno del Camerun, l'ex Camerun Francese che ottenne l'indipendenza il 1 ° Gennaio 1960 sotto il governo anti-UPC del burattino Francese Ahmadou Ahidjo.

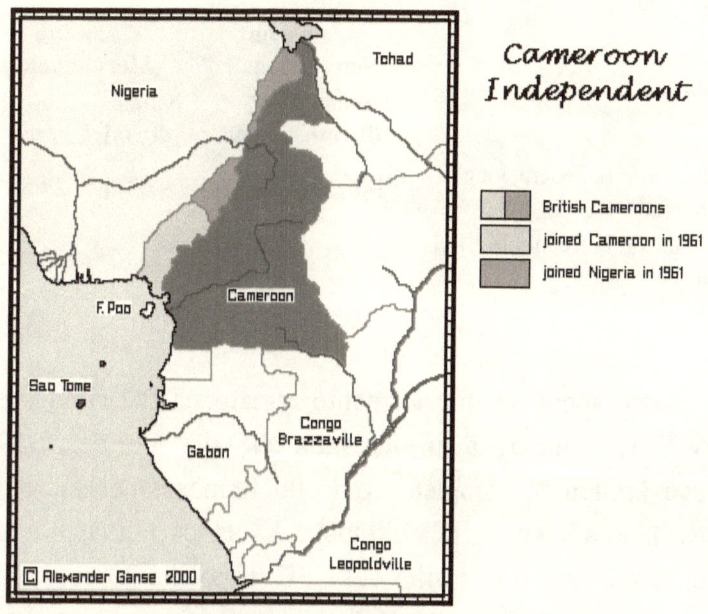

British Cameroons= Camerun Britannici
Joined Cameroun in 1961= Si è unito alla Repubblica del Camerun — ex Camerun Francese — nel 1961 (riunificazione)
Joined Nigeria in 1961= Si è unito alla Nigeria nel 1961

11-12 Febbraio 1961 Plebiscito del Camerun Britannico

Punti principali: agli elettori è stato chiesto se volevano unirsi con la Nigeria o il Camerun quando l'indipendenza è concessa alle due regioni.

<u>Camerun Settentrionale Britannico</u>
Elettori registrati   292,985
Voti totali (votazione) Non Disponibile (NON APPLICAZIONE)
Voti non validi / vuoti Non Disponibile
Voti validi totali   243,955
<u>Camerun Meridionale Britannico</u>
Elettori registrati   349,652
Voti totali (votazione) Non Disponibile (NON APPLICAZIONE)
Voti non validi / vuoti Non Disponibile
Voti validi totali   331,312

Risultati	Camerun Settentrionale		Camerun Meridionale	
	Numero di voti	% di voti	Numero di voti	% di voti
Unione con la Federazione della Nigeria	146,296	59.97%	97,741	29.50%
Unione con la Repubblica del Camerun	97,659	40.03%	233,571	70.50%

In effetti, anche se inferiormente armato, l'UPC condusse un'efficace campagna di guerriglia che alla fine del 1959 aveva limitato il completo controllo Francese nel sud del paese solo alle città e alla cittadina, lasciando i villaggi e le campagne sotto il controllo del UPC. E poiché l'accordo di amministrazione fiduciaria delle Nazioni unite ha fissato un limite al numero di truppe che l'esercito Francese avrebbe potuto avere sul territorio, la Francia deciso di accelerare la concessione dell'indipendenza al Camerun Francese. Tuttavia, la Francia garantì l'indipendenza al Camerun Francese il 1 ° Gennaio 1960 sotto il suo burattino

Ahmadou Ahidjo, e allo stesso tempo costrinse Ahidjo a firmare un patto segreto con la Francia, un accordo con componenti economiche, politiche e militari che, tra le altre cose, consentiva alla Francia per moltiplicare il numero di truppe Francesi di stanza in stanza nell'ex Camerun Francese, in seguito chiamata la Repubblica del Camerun. L'esercito Francese rafforzerebbe la sua presenza nella terra aumentando il numero dei suoi soldati e hardware lì, e accelerando il reclutamento e l'addestramento di un esercito Camerunese locale a guida Francese. Questi eserciti Franco-Camerunesi avrebbero sconfitto gli insorti nelle sue principali roccaforti nella Terra Bassa nel 1960 e nella Terra Bamileke dal 1962 al 1964, infliggendo pesanti perdite all'UPC e alle popolazioni civili attraverso i loro bombardamenti indiscriminati di entrambi i guerriglieri campi e comunità civili, una politica della terra bruciata di per sé che alcuni storici e vari esperti considerano un genocidio a guida Francese contro alcune forze e popolazioni di aree del Camerun che si opponevano ai piani neocolonialisti della Francia per il Camerun.

L'UPC si rese conto nel 1965 di non poter più vincere il conflitto armato contro l'esercito Francese e l'esercito Camerunese che la Francia creò per il regime fantoccio Ahmadou Ahidjo. Gli sforzi prevaricati per raggiungere la pace attraverso i colloqui di pace avrebbero attirato il successore di Felix Moumié Ernest Ouandie fuori dalla boscaglia, portando alla sua resa / cattura, e quindi all'esecuzione nel Gennaio 1971, ponendo così fine alla lotta armata dell'UPC contro la Francia per la riunificazione, l'indipendenza e la libertà di i territori dell'ex Kamerun Tedesco, un conflitto che ha provocato la morte di oltre mezzo milione di persone del Camerun in quello che alcuni esperti considerano "la liberazione incompiuta del Camerun", perché coloro che hanno fatto campagna e combattuto per la riunificazione e l'indipendenza del Camerun e i loro eredi hanno da allora è stato impedito il potere nel paese.

Capitolo Cinque

I Camerunesi della parte di lingua inglese del Camerun riunito si resero presto conto di essere stati ingannati e soggiogati dalla Francia e dal suo burattino, come le popolazioni sconfitte e soggiogata della parte Francofona del paese, e che anch'essi erano ora sotto il giogo soffocante di un sistema imposto dalla Francia e gestito dalla dittatura del burattino Francese Ahmadou Ahidjo. Paul Biya, un'altra marionetta Francese e successore di Ahmadou Ahidjo, a seguito di ordini dalla Francia, è al potere dal 1982 e ha ulteriormente aggravato il soffocamento del Camerun. Quasi sessant'anni dopo, il Camerun è ancora sotto il controllo delle forze anti-UPC che la Francia ha messo al potere nel paese — questi sono i Camerunesi che non hanno avuto alcun ruolo, come moderati o come radicali, nella lotta nazionalista per la riunificazione e indipendenza della terra. In effetti, la Francia ha aiutato i suoi burattini a stabilire uno stato di polizia al fine di imporre il loro dominio, il che spiega perché il Camerun non ha mai sperimentato il dominio sotto un capo di stato che è o è stata la scelta della gente.

La mafia continua. Il paese che incarna lo spirito audace dell'Africa è ancora in preda alle forze che erano contrarie alla sua ricerca di liberazione, sviluppo e partenariato con altre forze progressiste del mondo.

Gli omicidi di Ruben Um Nyobé, Félix Moumié, Patrice Lumumba, Castor Osendé Afana, Ernest Ouandie e decine di migliaia di nazionalisti civici Congolesi e Camerunesi sono stati dopo tutto una campagna di successo da parte dei poteri neocoloniali per distruggere il vero sviluppo indipendente dell'Africa, perché la sconfitta di i movimenti anticoloniali in questi paesi hanno indebolito la spinta PanAfricana a creare un'unione economica Africana e ad integrare politicamente il continente. Nonostante le indicazioni o le aspettative contrarie, il Camerun di Nyobe / Moumié / Ouandie che non fu mai realizzato, e il Congo di Lumumba che non lo era stato, sarebbe stato al centro geografico, economico e politico dell'Unione Africana che è ancora la visione di molti progressisti Africani che sperano di vedere il continente assicurarsi un posto di rispetto per sé stesso nel crescente mondo multipolare.

Oggi, il sarcofago di Félix Moumié manca ancora in quello che era il suo luogo di riposo nel cimitero di Conakry, in Guinea. Albert Kingue è ancora sepolto al Cairo, in Egitto. Ruben Um Nyobé, Ernest Ouandie, Castor Osendé Afana e gli altri leader dell'UPC uccisi dalle forze Franco-Ahidjo sono difficilmente riconosciuti, men che meno onorati negli annali della storia del Camerun, mesmo que i loro nomi abbelliscono strade e infrastrutture in altri paesi dell'Africa e del mondo.

Sei decenni dopo, i Camerunesi che si stanno alzando

per sfidare lo stato mafioso, vedono ancora Felix-Roland Moumié e gli altri storici leader nazionalisti dell'Unione che sono stati uccisi, esiliati o indeboliti dalla Francia e dai burattini che ha imposto al paese, come le forze da emulare nel loro tentativo di smantellare il sistema che la Francia ha imposto al popolo Camerunese contro i suoi interessi e contro il loro benessere. Il sistema e la sua istituzione politica autoritaria sono guidati da Paul Biya oggi, un burattino imposto dalla Francia al popolo del Camerun. Il secondo presidente del Camerun è al potere da quarantasette anni (trentasette anni come presidente o capo di stato, e dieci anni come primo ministro dell'unico paese in Africa in cui il suo capo di stato non è mai stato la scelta del popolo, ma piuttosto un'imposizione da parte dei neocolonialisti).

Indice di Democrazia: Africa e il Mondo

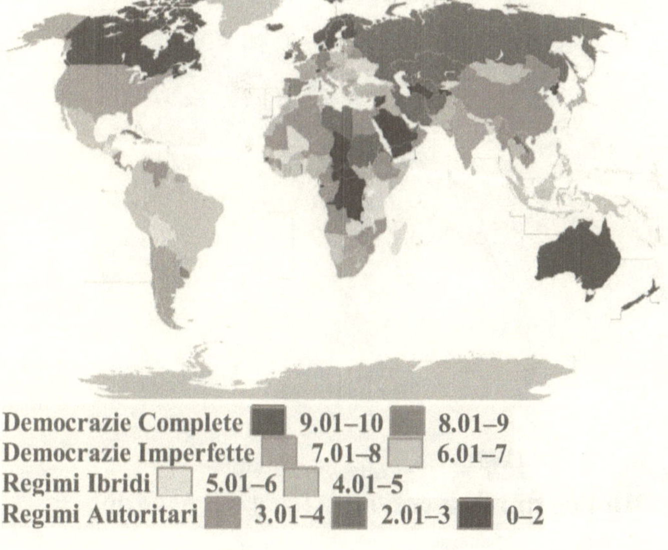

Valutazioni Sulla Democrazia dei Paesi Africani

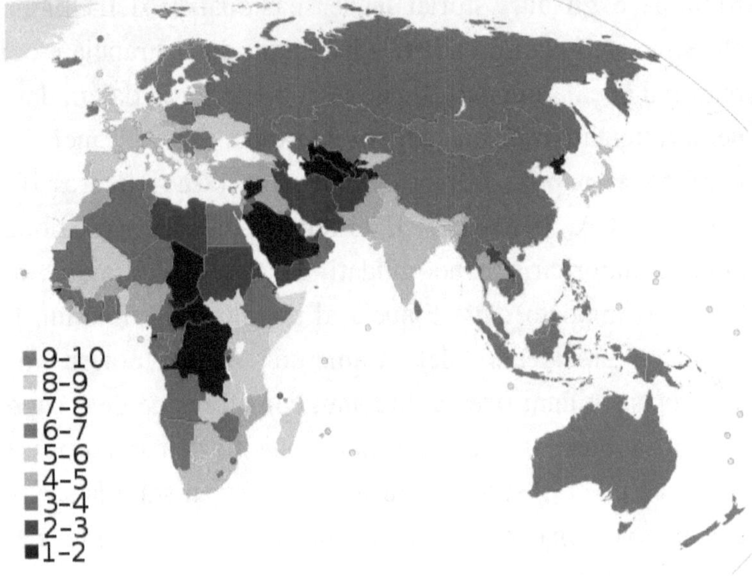

La Misura della Libertà dei Paesi del Mondo

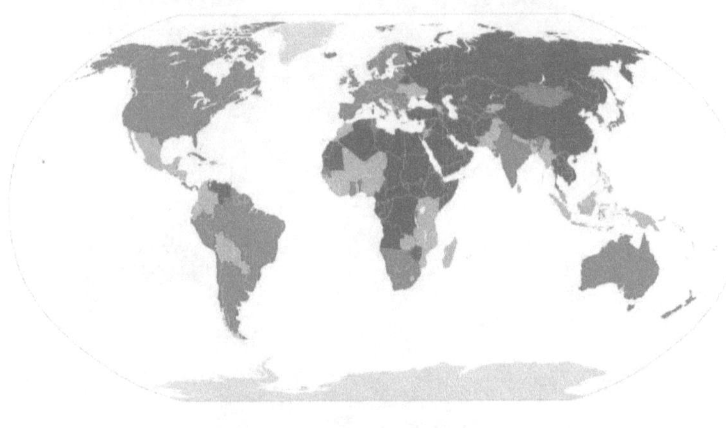

Indice di Democrazia: Africa e il Mondo

Mappa Politica dei Paesi Africani

www.ingramcontent.com/pod-product-compliance
Lightning Source LLC
Chambersburg PA
CBHW051425250726

48655CB00003B/1241

9 781709 661198